TITRES ET TRAVAUX

DE

M. GOBLEY

MEMBRE DE L'ACADÉMIE DE MÉDECINE

FONCTIONS ET TITRES HONORIFIQUES

1829. Entré comme élève chez M. Guérin, son beau-frère, pharmacien rue de la Monnaie, lequel avait succédé à M. Robiquet.

1833. Interne en pharmacie dans les hôpitaux et hospices civils de Paris. Nommé en tête de la liste de promotion.

Bachelier ès lettres.

1834. Bachelier ès sciences physiques.

Passe le premier examen de médecine.

1835. Licencié ès sciences physiques.

Reçu pharmacien de 1re classe à l'École supérieure de pharmacie de Paris.

Prend la pharmacie de MM. Bouriat et Hernandez, rue du Bac. M. Bouriat avait succédé à M. Demachy.

1838. Commissaire du bureau de bienfaisance du VIIe arrondissement.

1842. Professeur agrégé à l'École de pharmacie de Paris.

1844. Administrateur du bureau de bienfaisance du VIIe arrondissement.

1849. L'un des rédacteurs du *Journal de pharmacie et de chimie*.

1851. Nommé chevalier de l'ordre de la Légion d'honneur.

1852. Membre de la Commission des logements insalubres de la ville de Paris, établie près la préfecture de la Seine.

1860. Membre de la Commission d'hygiène publique et de salubrité du VIIe arrondissement.

1861. Président de la Société de pharmacie.

Membre de l'Académie de médecine.

Abandonne l'exercice de la pharmacie.

Membre de la Commission spéciale formée près le Ministère de l'instruction publique pour la révision du *Codex* ou *Pharmacopée française*, et chargée de préparer une nouvelle édition de cet ouvrage.

M. Gobley a fait partie de la sous-commission qui a coordonné tout le travail, surveillé l'impression du livre et corrigé toutes les épreuves.

1863. Membre fondateur et souscripteur perpétuel de la société de secours des Amis des sciences.

1865. Trésorier de l'Académie de médecine.

L'un des rédacteurs du *Dictionnaire encyclopédique des Sciences médicales*.

1866. Vice-Président du bureau de bienfaisance du VIIe arrondissement.

1868. Membre titulaire du Conseil d'hygiène publique et de salubrité du département de la Seine, établi près la préfecture de police.

Secrétaire de la Commission d'hygiène publique et de salubrité du VIIe arrondissement.

1869. Membre du conseil de la Société d'encouragement pour l'industrie nationale (comité des Arts chimiques).

1870. Réélu trésorier de l'Académie de médecine.

Promu au grade d'officier de la Légion d'honneur.

1843-1870. Membre titulaire des sociétés de Pharmacie, de Chimie médicale, d'Encouragement pour l'industrie nationale, d'Hydrologie médicale, d'Acclimatation, d'Émulation pour les sciences pharmaceutiques, de Médecine légale, etc.; Membre correspondant de l'Académie des sciences, belles-lettres et arts de Rouen, du Collége de pharmacie de Barcelone, du Collége de pharmacie de Madrid, et des sociétés d'Émulation et de prévoyance des pharmaciens de la Haute-Garonne, de Pharmacie des Vosges, des Pharmaciens des Côtes-du-Nord, d'Ille-et-Vilaine et des Bouches-du-Rhône, etc.

TRAVAUX SCIENTIFIQUES

1843. Sur l'*Elaïomètre*, nouvel instrument d'essai pour les huiles d'olive (*Journal de Pharmacie et de Chimie*, 1843).

Sur la falsification de la résine de Jalap (*J. de Pharm. et de Chim.*, 1843).

Essais sur les vinaigres, avec MM. Chevallier et Journeil (*Annales d'Hygiène*, 1843).

Observations sur les potions avec la magnésie calcinée (*J. de Pharm. et de Chim.*, 1843).

Sur la présence d'un sel de plomb dans le papier à filtrer (*J. de Chimie médicale*, 1843).

1844. Application de l'*Elaïomètre* à l'essai de l'huile d'amandes douces et des huiles médicamenteuses (*J. de Pharm. et de Chim.*, 1844).

Recherches sur les sulfates de potasse du commerce, avec M. Chevallier (*J. de Chimie médicale*, 1844).

Sur le sirop d'armoise composé (*J. de Pharm. et de Chim.*, 1844).

Distinction des diverses fécules au moyen de la vapeur de l'iode (*J. de Pharm. et de Chim.*, 1844).

Sur le cérat opiacé et sur le cérat laudanisé (*J. de Pharm. et de Chim.*, 1844).

Sur le perchlorure de fer (*J. de Pharm. et de Chim.*, 1844).

Sur le lactate de chaux (*J. de Pharm. et de Chim.*, 1844).

Observations sur les huiles de foie de raie et de morue (*J. de Pharm. et de Chim.*, 1844).

Sur la présence du phosphore dans l'huile de foie de raie (*J. de Pharm. et de Chim.*, 1844).

1845. Rapporteur de la Commission N° 11 au Congrès médical, sur les deux questions suivantes : 1° L'exercice de la pharmacie dans les hôpitaux civils offre-t-il toutes les garanties désirables? La position et les devoirs des pharmaciens en chef, des élèves internes et externes dans ces établissements sont-ils déterminés d'une manière convenable? 2° Examiner les relations des pharmaciens avec les dispensaires et les institutions de bienfaisance et de secours mutuels (*Actes du Congrès médical de France*, 1845).

1846. Recherches chimiques sur le jaune d'œuf (1er mémoire), insérées dans le *Recueil des Mémoires des savants étrangers*, sur le rapport de MM. Chevreul, Dumas et Pelouze (*J. de Pharm. et de Chim.*, 1846).

Le Rapport à l'Académie des sciences (*Comptes rendus de l'Académie*, 1846).

1846. Sur les extraits aqueux. Rapport à la Société de pharmacie (*J. de Pharm. et de Chim.*, 1846).

1847. Examen des limailles de fer du commerce (*J. de Chim. médicale*, 1847).

Sur la pensée sauvage et sur le sirop de pensée sauvage (*J. de Pharm. et de Chim.*, 1847).

Recherches chimiques sur le jaune d'œuf (2° mémoire). Examen comparatif du jaune d'œuf et de la matière cérébrale (*J. de Pharm. et de Chim.*, 1847).

Sur le sirop de pavots blancs. Rapport à la Société de pharmacie (*J. de Pharm. et de Chim.*, 1847).

1848. Recherches sur la présence de l'arsenic dans les eaux minérales et dans les dépôts qu'elles fournissent, avec M. Chevallier (*Bull. de l'Acad. de Méd.*, 1848, et *J. de Pharm. et de Chim.*, 1848).

Recherches de l'iode et du brome dans les eaux minérales, avec M. Chevallier (*J. de Chim. médicale*, 1848).

Notice sur Hernandez (*J. de Pharm. et de Chim.*, 1848).

1849. Sur les feuilles de Laurier-Cerise (*J. de Pharm. et de Chim.*, 1849).

1850. Recherches chimiques sur les œufs de carpe (*J. de Pharm. et de Chim.*, 1850). Rapport sur ce travail (*Bull. de l'Acad. de Méd.*, 1850).

Recherches sur le principe odorant des feuilles de Faham (*J. de Pharm. et de Chim.*, 1850).

Observations sur la cause de la coloration de l'argent par l'albumine soumise à l'action de la chaleur (*J. de Pharm. et de Chim.*, 1850).

Article bibliographique sur le *Traité des falsifications* de M. Chevallier (*J. de Pharm. et de Chim.*, 1850).

1851. Recherches chimiques sur la laitance de carpe (*J. de Pharm. et de Chim.*, 1851).

Note sur la pommade d'Helméric (*J. de Pharm. et de Chim.*, 1851).

Sur les proportions d'iode contenu dans les huiles de foie de morue du commerce (avec M. Chevallier) (*J. de Chim. médicale*, 1851).

1852. Recherches chimiques sur la matière grasse du sang veineux de l'homme (*J. de Pharm. et de Chim.*, 1852). Rapport sur ce mémoire (*Bull. de l'Acad. de Méd.*, 1852).

Article bibliographique sur le *Manuel de Médecine légale* de MM. Chaudé et Gaultier de Claubry (*J. de Pharm. et de Chim.*, 1852).

Sur les sirops de ratanhia, de safran et de salsepareille. Rapport à la Société de pharmacie (*J. de Pharm. et de Chim.*, 1852).

1853. Sur un nouveau sulfure de potasse concret (*J. de Pharm. et de Chim.*, 1853).

Sur les extraits préparés dans le vide (avec M. Soubeiran) (*J. de Pharm. et de Chim.*, 1853).

Sur le protoiodure de fer et sur la santonine. Rapport à la Société de pharmacie (***J. de Pharm. et de Chim.***, 1853).

1854. Observations sur la préparation du perchlorure de fer pour son emploi dans le traitement des anévrysmes. (*J. de Pharm. et de Chim.*, 1854).

1856. Recherches chimiques sur les champignons vénéneux (1er mémoire) (*J. de Pharm. et de Chim.*). Rapport sur ce travail (*Bull. de l'Acad. de Méd.*, 1856).

Essai analytique sur le liquide lactiforme de MM. Gaudin et Choumara (***J. de Pharm. et de Chim.***, 1856).

Recherches sur la nature chimique et les propriétés des matières grasses contenues dans la bile (*J. de Pharm. et de Chim.*, 1856).

1858. Sur la préparation de l'iodure de chlorure mercureux (*J. de Pharm. et de Chim.*, 1858).

Recherches chimiques sur le limaçon de vigne (*J. de Pharm. et de Chim.*, 1858).

Recherches sur le principe odorant de la vanille (*J. de Pharm. et de Chim.*, 1858).

1859. Recherches physiologiques sur l'urée (avec M. le docteur Poiseuille) (*Comptes rendus de l'Acad. des sciences* et *Gaz. hebd. de Méd. et de Chir.*, 1859).

Sur le sirop de codéine (*J. de Pharm. et de Chim.*, 1859).

1860. Recherches chimiques sur la racine de kawa (Piper methysticum) (*J. de Pharm. et de Chim.*, 1860).

Sur les teintures. Rapport à la Société de pharmacie (*J. de Pharm. et de Chim.*, 1860).

1861. Examen chimique d'un calcul biliaire, suivi de considérations sur les différentes phases de sa formation et sur les meilleurs dissolvants des calculs biliaires (*J. de Pharm. et de Chim.*, 1861).

1862. Rapport sur une question de priorité relative à la découverte du principe cristallin du kawa (*J. de Pharm. et de Chim.*, 1862).

1863. Sur des contre-étiquettes pharmaceutiques proposées par M. Barbot. Rapport à l'Académie de médecine (*Bull. de l'Acad. de Méd.*, 1863).

1865. De l'action de l'huile volatile de térébenthine sur l'opium (*J. de Pharm. et de Chim.*, 1865).

Examen chimique d'une tumeur extraite de la paupière supérieure (*J. de Pharm. et de Chim.*, 1865).

1866. Sur les eaux de feuilles et de fleurs d'orangers (*J. de Pharm. et de Chim.*, 1866).

1868. Sur la constitution chimique de la manne. Rapport à l'Académie de médecine (*Bull. de l'Acad. de Méd.*, 1868).

Recherches sur la poterie d'étain et les étamages. Brochure in-8° de 16 pages. Rapport à l'Académie de médecine (*Bull. de l'Acad. de Méd.*, 1868).

1869. Recherches de matière médicale. Rapport à la Société de pharmacie (*J. de Pharm. et de Chim.*, 1868-1869).

1870. De l'action de l'ammoniaque sur la lécithine (*J. de Pharm. et de Chim.*, 1870).

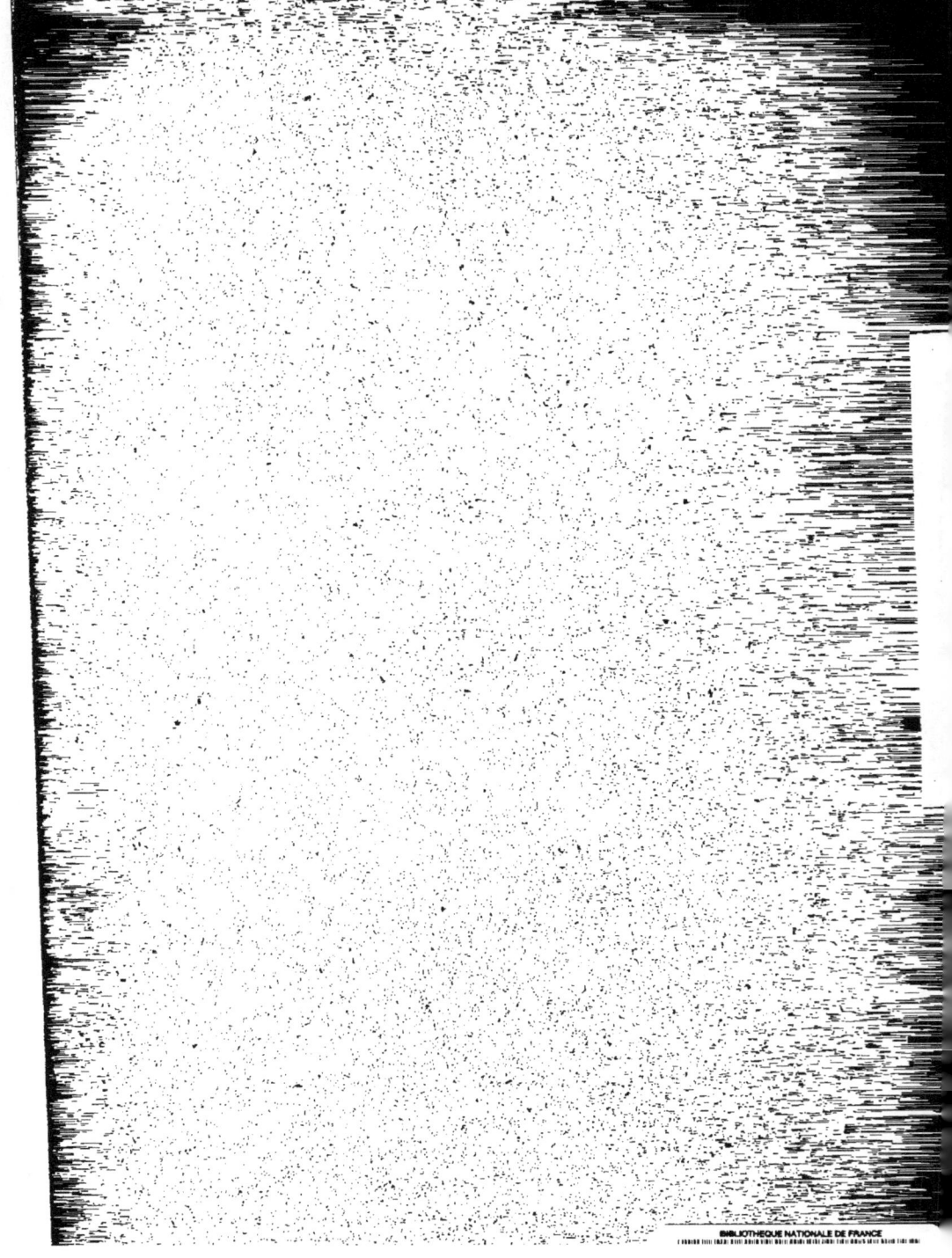

www.ingramcontent.com/pod-product-compliance
Lightning Source LLC
Chambersburg PA
CBHW071437060426
42450CB00009BA/2221